HUMBLE REQUÊTE

PRÉSENTÉE PAR

LES FONDATEURS DES CONCOURS EN PUBLIC

DE POÉSIE ET DE COMPOSITION MUSICALE

A M. LE MINISTRE

DE L'INSTRUCTION PUBLIQUE ET DES BEAUX-ARTS

ET

A MM. LES MEMBRES DU SÉNAT

AU SUJET

DES SUBVENTIONS THÉATRALES

ET DE LA

RÉORGANISATION DU THÉATRE-LYRIQUE

Prix : 25 centimes.

PARIS
IMPRIMERIE ET LIBRAIRIE PAUL DUPONT
41, RUE JEAN-JACQUES-ROUSSEAU, 41
ET BOULEVARD PEREIRE, 127

1878

CONCOURS EN PUBLIC
DE POÉSIE ET DE COMPOSITION MUSICALE

ADMINISTRATION : 127, Boulevard Pereire.

AVIS

Notre première idée avait été de publier, sous le titre de : *La France poétique et littéraire*, un journal destiné à être l'organe des concours de poésie et de composition musicale. Mais nous avons réfléchi qu'un journal, pour être sérieux, doit paraître régulièrement, et une fois par semaine tout au moins. Or, pour alimenter ce journal avec les éléments seuls de nos concours, c'était matériellement impossible. Faire un journal littéraire, tel que nous le rêverions, occasionnerait des frais énormes et ne pourrait par conséquent entrer dans nos combinaisons. Nous avons pensé qu'il valait mieux concentrer toutes nos ressources, tous nos sacrifices, en vue d'augmenter le nombre et l'importance des prix que nous pouvons offrir aux concurrents, sauf à *publier de temps en temps de petites brochures, pour rendre compte de l'état des concours, porter à la connaissance de nos associés et de nos membres fondateurs les péripéties de l'œuvre commune, et exposer toutes les idées que pourra nous suggérer le désir d'être utile aux poëtes et aux compositeurs.* Nous commençons aujourd'hui.

DES
SUBVENTIONS THÉATRALES

ET DE LA

RÉORGANISATION DU THÉATRE-LYRIQUE

Sur le rapport de M. Tirard, la Chambre des députés, lors du vote du budget des beaux-arts, a supprimé la subvention accordée précédemment au Théâtre-Lyrique.

Elle a voté les allocations suivantes :

A l'Académie de musique.	800,000 fr.
A l'Opéra-Comique.	360,000 »
A l'Odéon.	60,000 »

Deux cent mille francs, sans emploi déterminé, ont en outre été mis à la disposition du ministre.

La suppression de l'allocation au Théâtre-Lyrique a vivement ému le monde des arts, et la Société des auteurs et compositeurs a adressé une protestation énergique au président de la commission du budget et au ministre des beaux-arts.

Nous nous associons à cette protestation, et nous dirons même qu'il est pénible de trouver parmi nos législateurs si peu de gens compétents et favorables aux intérêts de l'art. Hâtons-nous d'ajouter que, dans ce qui va suivre, on aurait tort de voir aucune personnalité. Nous exprimerons seulement notre manière de voir sur la question des subventions, en toute liberté, sans nous laisser arrêter par d'autres considérations que celles de la vérité et de la sympathie que méritent les travailleurs de la pensée.

D'abord l'État doit-il subventionner les arts, et dans l'espèce, les arts de la musique, de la danse, l'art dramatique, la poésie ?... et, s'il le doit, à qui cette subvention doit-elle profiter ? Est-ce aux arts et à ceux qui en meurent plus qu'ils n'en vivent, ou bien à des entrepreneurs trop habiles ? Est-ce aux théâtres qui n'en ont pas besoin et qui peuvent prospérer par leurs seules ressources, ou bien aux entreprises d'autant plus aléatoires, d'autant moins sûres du succès pécuniaire, qu'elles n'ont à leur disposition que des éléments hasardeux et des noms sans influence sur le public ? C'est ce que nous allons examiner :

Pour nous, il n'y a pas de doute possible sur la première question : l'État, dans l'organisation sociale actuelle, a l'obligation de protéger tous les intérêts, et les arts et les lettres doivent ne pas le laisser indifférent. Ceux qui gouvernent, c'est-à-dire ceux qui dirigent l'État, sont responsables de la prospérité ou de la décadence nationale, et spécialement en fait d'art ou de belles-lettres, ils doivent tout faire pour en favoriser l'essor et le rayonnement ; et leur action doit être d'autant plus directe et intelligente qu'à l'époque de scepticisme et de positivisme mercantile où nous vivons, tout concourt à décourager les vocations artistiques et littéraires.

Cela posé, les sacrifices faits en ce moment par l'État obtiennent-ils ce résultat ? et la subvention de 200,000 francs rétablie dans les conditions où elle avait été précédemment octroyée à M. Vizentini pourrait-elle être d'une grande utilité aux compositeurs? Non.

M. Halanzier a été appelé à la direction de l'Académie nationale de musique vers 1870. Quels étaient ses titres? Il avait dirigé avec habileté les théâtres de Bordeaux et de Marseille, et il y avait gagné une jolie fortune. Une fois à la tête de notre première scène lyrique, quelle a été sa préoccupation? Réaliser des économies. C'est ainsi qu'on le voit depuis son avénement jusqu'à ce jour, c'est-à-dire pendant *huit* ans, ne pas sortir des opéras suivants: *la Favorite, Faust, Guillaume Tell, le Prophète, Robert le Diable, la Juive, la Reine de Chypre, le Trouvère, Don Juan, l'Africaine.* Il est vrai qu'il a monté trois pièces nouvelles: *la Coupe du roi de Thulé, Jeanne d'Arc, le Roi de Lahore.* Mais combien de fois ces pièces ont-elles été jouées? et seront-elles jamais reprises?

Citons aussi pour mémoire trois ballets: *Coppelia, la Source* et *le Fandango*.

Comme on l'a vu plus haut, le budget accordé à trois théâtres dits subventionnés est de 1,420,000 francs, y compris les 200,000 francs laissés à la disposition du ministre.

Or, nous le demandons en toute sincérité: l'Académie de musique a-t-elle besoin des 800,000 francs qui lui sont alloués? Le directeur de l'Opéra, par l'usage convenable qu'il fait de ces fonds, par les services qu'il rend, est-il digne de cette munificence?

NOUS NE LE CROYONS PAS!

Parlerons-nous des interprètes ? A part madame Fidès-Devriès et Faure qui se sont retirés, volontairement ou involontairement, à part madame Krauss, une étoile à son coucher, à part madame Miolan-Carvalho, artiste incomparable, mais dont le prestige n'exerce plus d'attraction sur les abonnés, qu'avons-nous vu depuis huit ans à l'Opéra ? Des écoliers, des artistes, estimables tout juste, récitant sans trop balbutier une leçon péniblement apprise, mais totalement dépourvus d'autorité, disons le mot, insuffisants, quand on évoque les souvenirs qui sont présents à toutes les mémoires. Nous n'aurons pas la cruauté de nous livrer à des comparaisons désobligeantes, mais nous croirions manquer à tous nos devoirs si nous laissions ignorer à M. Halanzier ce dont il ne paraît pas se douter, quand, dans sa loge, le buste penché vers la salle, fiévreux, agité, il applaudit à tour de bras *les faiblesses* les plus incontestées de son orchestre, de ses chœurs, de ses artistes, de ses figurants : c'est que le public, ce bon public parisien, si doux, si accommodant, se plaint amèrement et à haute voix du manque absolu de prestige d'un scène jadis si florissante.

M. Halanzier objectera ce qu'il a déjà réussi à persuader à M. Tirard, savoir que les artistes *di primo cartello* ont des prétentions exorbitantes. — Est-ce que, par hasard, les célébrités du chant ou de la danse font des concessions ou des rabais aux habiles et généreux impressarii de Londres, Pétersbourg, Madrid, Vienne, Berlin, Munich, Bruxelles et autres capitales qui ont la bonne fortune d'applaudir, chaque année, toutes les étoiles du firmament de l'art ?

Est-ce que M. Frédéric Gye, notamment, le directeur du théâtre de Covent-Garden, à Londres, paye avec de la fausse monnaie les artistes qu'il engage, et qui se nommaient, pour la saison de 1877 :

Mesdames *Adelina Patti, Zoé Thalberg, Bianchi, Marimon, D'Angeri, Smeroschi, Ricca, Avigliana, Eva de Synnerberg, Saar, Dell'Anese, Cottino, Sonino, Scalchi, Dotti, Ghiotti, de Riti, Emma Sarda, Emma Albani*;

Quant aux chanteurs c'étaient : MM. *Nicolini, Marini, Capoul, Favani, Piazza, Gianini, Sabater, Rossi, Manfredi, Tamagno, Carpi, Gayarre, Graziani, Maurel, Cotogui, Bagagiolo, Capponi, Ciampi, Caracciolo, Ghilberti, Scolara, Raguer.*

Les chefs d'orchestre étaient Vianesi et Bevignani.

Veut-on savoir maintenant combien d'opéras ont été joués pendant cette saison de 1877, qui fut de SEIZE SEMAINES, TROIS MOIS SEULEMENT ?

Il a été joué TRENTE ET UNE pièces dont voici les titres : *l'Africaine, l'Étoile du Nord, les Huguenots, Dinorah, Don Giovanni, la Flûte enchantée, le Barbier de Séville, Guillaume Tell, Don Pasquale, la Favorite, Lucia de Lammermoor, la Fille du régiment, l'Elisire d'amore, Linda di Chamouni, la Somnambule, I Puritani, la Traviata, il Trovatore, Rigoletto, Ballo in maschera, Aïda, Marta, Fra Diavolo, Faust, Roméo et Juliette, Hamlet, Lohengrin, Tannhauser, le Vaisseau Fantôme, les Joyeuses Commères de Windsor*, et enfin *Santa Chiara*, du duc de Cobourg.

Et tout cela sans un centime de subvention ! Et M. Frédéric Gye dirige le théâtre de Covent-Garden, dans ces conditions de splendeur, depuis vingt-neuf années consécutives, malgré la concurrence d'une troupe de grand-opéra qui joue les mêmes pièces et se compose également d'artistes de premier ordre, tels que la *Nilsson*, la *Lucca, Marie-Rose, Faure*, etc., etc.

Nous pourrions faire le même travail pour toutes les capitales de l'Europe. Qu'il nous suffise de dire que le nombre des œuvres importantes, opéras ou ballets, jouées chaque année à Berlin et à Vienne dépasse le nombre de cent, et que les artistes allemands qui les interprètent ne le cèdent en rien aux artistes français et italiens les plus fameux.

Donc, la décadence de l'Opéra français est incontestable. Au moment où va s'ouvrir l'Exposition universelle, il n'est pas possible de laisser l'Académie de musique entre les mains qui l'ont laissé péricliter. On peut se faire décerner un brevet de bon comptable par M. l'inspecteur des finances, surtout quand on a un bon caissier. Mais le goût, l'amour de l'art, cette flamme innée qui pousse aux grandes choses, le sens critique qui fait apprécier le beau, tout cela ne peut être suppléé par la passion de l'économie et l'ordre dans les écritures. Au ministre d'aviser.

M. Bardoux est un esprit élevé, épris d'amour pour le beau, et disposé à entrer à pleines voiles dans la route du progrès. Nous n'en voulons pour preuve que le passage suivant de son discours à la Chambre dans la séance du 14 février :

M. le Ministre des Beaux-Arts. — « Eh! Messieurs, il faut le dire du haut de cette tribune, nous avons à lutter contre l'affaiblissement du bon goût et l'envahissement des plus vulgaires habitudes en musique.

« Il y a une terrible concurrence qui est faite au grand art : c'est la musique des cafés-concerts. (C'est vrai!)

« Cette musique-là, je la comparerai à la littérature abjecte, parce qu'elle ne peut élever ni le cœur ni les sentiments des auditeurs trop nombreux qui vont tous les soirs l'entendre.

« Eh bien ! luttons contre cette tendance, et il n'y a qu'une manière de lutter : c'est d'aider au développement du grand art, de le favoriser dans la mesure de nos efforts ; c'est d'encourager, autant que nous pouvons, tous les talents qui, à force de bonne volonté, à force de réaction intelligente, veulent ramener cet admirable pays dans les voies où nos aïeux autrefois l'ont illustré, en lui donnant, avec les œuvres que nous admirons, de hautes et nobles distractions.

« Tâchons de continuer cette lutte, et, pour cela, ne refusons pas à un théâtre national comme celui de l'Opéra-Comique, qui veut se présenter devant l'Europe dans un état de convenance et de prospérité, les moyens de vivre.

« Il existait un autre théâtre de musique, c'est le Théâtre-Lyrique. Je suis de ceux qui l'ont vu avec le plus grand regret disparaître. »

Quand on a fait une déclaration aussi nette, il faut y conformer ses actes. Or, le *statu quo* est la négation absolue de ce *grand art* dont on prétend favoriser le développement.

M. de Tillancourt, auquel répondait M. le Ministre, avait eu le courage de signaler, dans un langage ferme et élevé, l'état précaire de l'Académie de musique. Et nous avouons que M. le Ministre des Beaux-Arts n'a nullement réfuté le passage du discours de l'honorable député de Château-Thierry :

« Il n'est personne de vous, Messieurs, qui ne remarque l'absence de grands artistes qui n'ont jamais paru à l'Opéra, et de quelques autres qui, après avoir contribué à sa prospérité, ont cessé d'y être attachés ; on se demande si cet éloignement n'est pas motivé par un désir d'économie. »

M. Tirard, le rapporteur, a entrepris énergiquement la défense de l'administration actuelle. Ses arguments sont pitoyables et vont à l'encontre de sa thèse. Nous allons le prouver :

M. Tirard. — « Après l'incendie du théâtre de la rue Le Pelletier, tout le matériel avait disparu. Un crédit de 2,400,000 francs avait été voté par l'Assemblée nationale pour le remplacement de ce matériel, qui appartenait à l'Etat. Ces 2,400,000 francs ont été dépensés, car on a remonté en deux ans treize opéras. . . . .
. . . .

« L'honorable M. de Tillancourt s'est plaint de la disparition de certains artistes que le public français était habitué à applaudir.

« Je le regrette autant que l'honorable M. de Tillancourt et autant que qui que ce soit ; mais sans vouloir entrer dans des explications que ne comporte pas la tribune, que M. de Tillancourt me permette de lui dire que si ces artistes n'ont pas été conservés, c'est parce qu'eux-mêmes n'ont pas voulu rester, c'est que leurs exigences étaient arrivées à un point tel que le directeur et le bureau des théâtres n'ont pu les accepter. J'ai dans mon dossier une note de l'administration qui constate que, pour un ouvrage nouveau d'un de nos plus grands compositeurs, on a dû renoncer à faire venir un artiste qu'il demandait, parce que les prétentions de cet artiste dépassaient toutes limites.

« On parle toujours de ce qui se passe à l'étranger ! Il ne faut pas confondre la situation des grandes scènes de Paris et celle des grandes scènes de l'étranger.

« A Paris, on joue pendant toute l'année, pendant l'été comme pendant l'hiver, pendant le carême comme pendant le carnaval : il faut avoir constamment un *personnel d'ensemble* sur lequel on puisse compter pour la mauvaise comme pour la bonne saison.

« A l'étranger, au contraire, l'ouverture des grands théâtres a lieu pendant une courte saison, qui correspond soit au carnaval, soit aux grandes foires, soit à des fêtes nationales. Les places sont alors et momentanément élevées, et à des prix qui ne permettent l'accès des théâtres qu'aux personnes les plus riches. On comprend alors que, dans ces conditions, il soit possible de donner aux artistes des appointements beaucoup plus forts que ceux qui leur sont alloués dans les théâtres qui sont tenus à des représentations continues, et sans augmentation possible dans aucune saison.

« Voilà ce qui fait que très-souvent, sans connaître les détails que je viens d'indiquer, on accuse les directeurs français d'abandonner l'art et de faire des économies mesquines. Je puis affirmer que la direction des théâtres et M. le ministre tiennent la main à ce que les représentations aient toute la splendeur possible, et je suis convaincu que, pendant la durée de l'Exposition universelle, nos théâtres donneront des spectacles dignes de la scène française. (Très-bien !) »

Ainsi M. Tirard approuve que l'on ait mis deux ans pour remonter *treize opéras* et que l'État ait fourni 2,400,000 francs pour ce résultat.

Il reconnaît que les grands artistes manquent absolument à l'Opéra, et il s'en console parce qu'il vaut mieux avoir un *personnel d'ensemble* pour la bonne comme pour la mauvaise saison.

On se demande ce que cela veut dire : si le personnel pris

individuellement est médiocre, l'ensemble ne peut être que médiocre ; et, dans ce cas, comment peut-il y avoir une bonne saison pour l'Opéra, à moins que par ce mot *bonne* on n'entende *fructueuse*, ce qui est avouer cyniquement qu'on n'a nul souci de l'art ?

Mais ce qui est la condamnation absolue de la cause que défend le rapporteur, c'est le passage dans lequel il avance que : « à l'étranger, ce qui permet de donner aux artistes de plus forts appointements qu'en France, c'est la courte durée de la saison théâtrale. »

Cela équivaut à dire que : moins il y a de représentations et par conséquent de recettes, plus il est possible de bien payer les artistes.

Cela n'est pas sérieux !

Ce qui ne l'est pas davantage, c'est la « note de l'administration constatant que pour un ouvrage nouveau, d'un de nos plus grands compositeurs, on a dû renoncer à faire venir un artiste qu'il demandait, parce que les prétentions de cet artiste dépassaient toutes limites. »

Que prouve cette note ? que l'administration de l'Opéra choisit les premiers prétextes venus pour faire des économies. A défaut de M. ***, n'y a-t-il donc plus de ténors en Europe, et l'avenir de l'Opéra tient-il aux caprices d'un chanteur, à son déclin, mais exigeant ? Pourquoi donc ne pas se mettre en quête d'un autre artiste ?

Ah ! voilà, c'est que si l'on s'était donné la peine de chercher, on aurait trouvé, et si l'on avait trouvé, il aurait fallu engager et payer un ténor de plus, ce qui n'est nullement l'affaire de l'administration actuelle.

En terminant, M. Tirard « *affirme* que le directeur des théâtres et M. le ministre tiennent la main à ce que les représentations aient toute la splendeur possible. »

Nous avons le regret de le dire à M. Tirard; il prend pour argent comptant les boniments des intéressés, ou bien lui-même est totalement étranger aux choses de l'art; et je puis lui certifier que s'il avait assisté à la dernière représentation du *Prophète*, s'il avait eu à subir pendant quatre heures la plus médiocre exécution qui jamais ait attristé l'Opéra, il tiendrait un autre langage et aurait, au lieu d'une confiance aveugle, manifesté les plus vives appréhensions au sujet des représentations que l'on réserve pour l'Exposition universelle, malgré les débuts de M. Sellier.

Quant à nous, voici notre conclusion :

Nous avons entendu dire que la Comédie-Française pourrait, à la rigueur, se passer de subvention. Mais il convient de considérer que les sociétaires du Théâtre-Français, qui, par la dignité de leur vie, la considération dont ils sont entourés, leur talent, peuvent être appelés les premiers artistes du monde, touchent des appointements beaucoup moins forts qu'un ténor ou une première chanteuse de province, et, en toute justice, cette subvention doit être maintenue.

Quant à l'Académie nationale de musique, de l'avis unanime des critiques, des auteurs et des gens compétents qui n'écoutent que leur conscience, les recettes formidables des représentations ordinaires et, en outre, le produit des bals et autres spectacles extraordinaires, permettront toujours à la direction la plus généreuse et la plus soucieuse de la dignité de l'art, de réaliser de beaux bénéfices. La suppression de la subvention de 800,000 francs s'impose donc de toute équité. Quoi qu'en dise M. Tirard, il n'y a pas de mauvaise saison pour l'Opéra.

Mais nous ne demandons pas pour cela que cette somme soit enlevée au budget des Beaux-Arts. Nous proposons seulement qu'on en fasse un meilleur emploi, et voici la combinaison que nous soumettons humblement à MM. les sénateurs et à M. le ministre de l'instruction publique :

Il n'est pas juste que le monument de l'Académie de musique, qui a coûté au pays près de 60 millions (ce qui représente un intérêt annuel de 3 millions), serve à peu près uniquement à représenter la musique de MM. Rossini, Verdi et Meyerbeer. La musique française, ce qu'on appelle l'opéra comique, a droit à quelques égards. Or, la salle de l'Opéra n'est occupée que trois fois par semaine. Il reste quatre jours de libres. Admettons un jour de relâche pour faire reposer les artistes et le personnel. **Il reste trois jours. Pourquoi ces trois jours ne seraient-ils pas consacrés spécialement aux pièces de l'ancien et du nouveau répertoire de l'Opéra-Comique ?** De ce chef, nous demanderions qu'on accordât au directeur de l'Académie de musique une subvention de 365,000 francs. Que pourra-t-on objecter à cette combinaison? L'usage? L'impossibilité d'avoir deux troupes? La difficulté de mener de front deux administrations aussi compliquées, etc., etc.? Nous répondrons simplement que l'Opéra-Comique, le Lyrique (quand il vivait), les théâtres de Lyon, Marseille, Bordeaux et les théâtres italiens de Londres jouent six fois par semaine. Qu'importe la pièce qui figure sur l'affiche et son appellation d'opéra ou d'opéra-comique? Les artistes ne font-ils pas le même service? D'ailleurs, il est bien évident que si notre projet venait à triompher, ce ne serait pas au caprice d'un ministre que nous voudrions voir assujettir la nomination du directeur de l'Opéra. L'entreprise serait mise en adjudication, un cautionnement serait imposé et, après avoir pesé les mérites et les garanties des candidats, une commission composée d'auteurs, de compositeurs, d'artistes, de critiques et de quatre membres de la commission du budget, de la Chambre et du Sénat, sous la présidence du ministre, soumettrait à l'approbation du chef de l'État le choix qu'elle aurait fait. A la rigueur, on pourrait faire une adjudication au plus fort rabais sur la subvention, en tenant compte, toujours, des conditions de solvabilité et d'intelligence des concurrents.

Et qu'on ne dise pas que notre idée est impraticable. Nous *connaissons dix personnages de premier ordre, tout prêts à se mettre sur les rangs.*

Et sans compter l'éclat incomparable, la vie, le mouvement que notre combinaison donnerait à l'Académie de musique, il en ressortirait un avantage signalé pour l'Etat :

Le théâtre de l'Opéra-Comique, devenu libre, pourrait désormais être transformé en un vrai théâtre lyrique, et réservé uniquement aux jeunes auteurs.

On lui accorderait une subvention de 500,000 francs par an, avec un cahier des charges sévère. Le mode de nomination du directeur serait le même que pour l'Opéra. La même commission pourrait être chargée de la surveillance. On exigerait du directeur vingt-cinq actes nouveaux, au moins, par an. Le prix des places serait réduit et fixé à 5 francs, 3 francs, 2 francs et 1 franc, au maximum, en location comme au bureau. Toute pièce ayant remporté un grand succès passerait au répertoire de l'Opéra.

Des matinées seraient imposées chaque dimanche, pendant la saison favorable.

Un comité d'audition, composé *uniquement de compositeurs,*

d'auteurs et d'artistes, siégerait publiquement une fois par semaine et serait chargé d'écouter la lecture des pièces présentées et d'en prononcer la réception ou le refus.

Les membres de ce comité recevraient des jetons de présence.

Nous ne croyons pas que l'idée que nous émettons soit irréalisable. Dans tous les cas il serait facile d'en faire l'essai, et nous sommes persuadés qu'on obtiendrait les meilleurs résultats en y apportant toutes les modifications de détail jugées nécessaires.

Si, par malheur, d'un côté, des influences et des intrigues (que les *intéressés* ne vont pas manquer de mettre en mouvement), d'autre part, l'esprit de routine invétéré chez les bureaucrates qui président aux destinées de l'art et des artistes, s'opposaient à la réforme que nous proposons pour l'*Opéra*, nous demanderons qu'on applique notre projet à l'*Opéra-Comique* actuel. Mais, dans ce cas, **suppression complète de toute subvention pour l'Académie de musique**. L'*Opéra-Comique* jouerait deux fois par semaine les chefs-d'œuvre anciens et modernes, et **cinq fois par semaine des ouvrages nouveaux**.

Une subvention de 500,000 francs lui serait allouée, comme il est dit plus haut.

Et maintenant, passons à l'Odéon :

M. Duquesnel, depuis qu'il dirige ce théâtre, s'est constamment soustrait aux obligations morales que lui impose l'esprit de la subvention qu'il reçoit de l'Etat. L'Odéon doit être une pépinière de jeunes auteurs et de jeunes artistes. Or, en dix ans, les jeunes auteurs produits par le sieur Duquesnel se nomment Victor Hugo, George Sand et les deux

Dumas ; les œuvres jouées : *Ruy-Blas, le Marquis de Villemer, les Danicheff, Balsamo*.

Nous reconnaissons volontiers qu'avec 60,000 francs on ne peut aller bien loin. Aussi proposons-nous de porter la subvention à 200,000 francs, avec obligation pour *le directeur* de jouer au moins cinq actes nouveaux par mois, et de donner au moins 300 représentations par an.

Comme pour le Théâtre-Lyrique, un comité, composé d'*auteurs et de critiques seulement*, siégerait une fois par semaine publiquement et serait obligé d'écouter la lecture des œuvres présentées, en se réservant toutefois de n'admettre à la lecture que les pièces qu'un premier examen n'aura pas fait reconnaître d'emblée ineptes ou ridicules.

A la direction de l'Odéon pourrait être appelé un homme dévoué à l'art, et ayant fait ses preuves, tel que M. Ballande, le directeur du troisième Théâtre-Français, ou M. Hostein, l'aimable critique du *Constitutionnel*, si compétent en matière de théâtre.

Résumons-nous :

Nous demandons les subventions suivantes :

1° 365,000 francs pour l'opéra-comique (qui serait représenté dorénavant dans la salle du Nouvel-Opéra	365,000 fr.
2° 500,000 francs pour le Théâtre-Lyrique...	500,000 »
3° 200,000 francs pour l'Odéon............	200,000 »
Soit au total.	1,065,000 fr.
Le chiffre porté au budget étant de.......	1,420,000 fr.
Il y aurait donc une économie de.........	355,000 fr.

Et si la combinaison de l'Opéra-Comique était préférée à celle de l'Opéra, une économie de 365,000 francs de plus.

Sur ces économies, nous proposons de consacrer :

1° 20,000 francs à la fondation de 4 prix de 5,000 francs pour les auteurs des meilleurs ouvrages en vers ou en prose, ou des plus beaux poëmes parus dans l'année, ou manuscrits ; aucun sujet ne serait imposé.

2° 20,000 francs à la fondation de 4 prix de 5,000 francs pour les auteurs des meilleures pièces de théâtre *en vers*, drames, tragédies ou comédies, jouées ou non jouées, mais présentées dans l'année au comité d'examen que le projet propose d'instituer au théâtre de l'Odéon.

3° 50,000 francs à augmenter le fonds des encouragements aux littérateurs, auteurs, historiens, bibliophiles et gens de lettres.

4° 50,000 francs pour payer les jetons de présence des membres de diverses commissions de surveillance ou d'examen dont il est question plus haut.

Ces quatre sommes réunies représentent 140,000 francs. Il resterait donc, suivant le cas, une somme de 215,000 ou 580,000 francs disponible, pour laquelle l'emploi serait facile à trouver ; par exemple on pourrait la faire servir à grossir la somme destinée aux monuments historiques, aux missions, ou aux autres classes des beaux-arts.

Nous supplions M. le rapporteur de la Commission du budget au Sénat, nous supplions MM. les sénateurs de vouloir bien étudier notre proposition, que nous recommandons à toute la bienveillance de la presse, trop heureux si nous réussissons à appeler l'attention publique sur une idée qui peut être féconde en bons résultats pour les compositeurs, les poëtes et les artistes.

FIN.

PIANOS. — 3 ans de crédit. — Livrables immédiatement.
GILSON, 4, Rue Abbatucci.

AVIS

Le comité des concours de poésie et de composition musicale, dont Victor Hugo a bien voulu accepter la présidence d'honneur, vient d'arrêter, de concert avec les fondateurs de prix, le nombre définitif des médailles à décerner en 1878.

Pour la poésie : une médaille de 3,000 francs ; une de 2,000 francs ; deux de 1,000 francs ; trois de 500 francs ; quinze de 100 francs.

Même nombre et même chiffre pour la musique.

Les 4 prix principaux sont attribués à : *l'ode-symphonie, le drame lyrique, le ballet* et *l'oratorio*.

Des prix supplémentaires pourront être distribués.

Les poëtes sont libres de choisir leurs sujets. Les musiciens choisiront leurs poëmes. Par conséquent les poëmes primitivement mis au concours pour *l'ode-symphonie*, le *drame lyrique* et le *ballet* sont ajournés à 1879.

Pour les genres admis au concours, voir le programme.

La séance publique où seront exécutées et jugées les œuvres présentées aura lieu du 15 août au 15 septembre 1878. Envoyer les manuscrits avant le 1er août, terme de rigueur, au secrétaire des concours, 127, boulevard Pereire.

MM. les concurrents sont priés de joindre à leurs manuscrits un billet signé, portant dix noms de littérateurs ou critiques pour les poëtes, et dix noms de compositeurs, critiques et artistes exécutants pour les musiciens. Ces noms sont destinés à être choisis à la majorité des suffrages pour former le jury des récompenses.

FUTS EN FER pour transporter et conserver les liquides. — Fûts argentés ou dorés à l'intérieur pour les liqueurs précieuses. Pierre LEGRAND, Boulevard Picpus, 53.

Pour 35 francs : Habillement complet sur mesure en 48 heures. Chez CRÉMIEUX, 97, rue Richelieu, et 90, faubourg Poissonnière.

AVIS

AUX POËTES ET AUX COMPOSITEURS.

Le comité d'organisation a décidé que, moyennant une prime fixée à 20 francs pour les poëtes et à 50 francs pour les compositeurs, il serait mis des interprètes suffisants à la disposition des concurrents qui ne pourraient ou ne voudraient pas faire entendre eux-mêmes leurs œuvres.

Quelques personnes ont blâmé cette décision, notamment des poëtes.

Nous leur répondrons :

1° Que tout le monde est libre d'exécuter soi-même ou de choisir des interprètes pour faire exécuter ses œuvres ;

2° Que le payement de la prime ci-dessus donne droit à des interprètes pour toutes les œuvres présentées ;

3° Que les membres fondateurs qui ne concourront pas personnellement pourront déléguer leur droit à l'interprétation gratuite à un poëte ou à un compositeur peu aisé ;

4° Que les bénéfices (s'il y en a) provenant de la différence entre les primes variées et les cachets payés aux artistes exécutants serviront à la création de nouvelles médailles.

www.ingramcontent.com/pod-product-compliance
Lightning Source LLC
Chambersburg PA
CBHW071425060426
42450CB00009BA/2022